Giorgio Bassani

In einem alten italienischen Garten

Gedichte
Italienisch / Deutsch

Ausgewählt und aus dem Italienischen
übertragen von
Michael Marschall von Bieberstein

Mit einer Einführung von
Heinz Willi Wittschier

Piper
München Zürich

Weitere zweisprachige Lyrik-Ausgaben in der Serie Piper

Wystan Hugh Auden, Die Anrufung Ariels (842)
Jorge Luis Borges, Zyklische Nacht (831)
Eugenio Montale, Glorie des Mittags (570)
Eugenio Montale, Satura · Diario (947)
Vinicius de Moraes, Saravá (872)
Pier Paolo Pasolini, Gramsci's Asche (313)
Pier Paolo Pasolini, Die Nachtigall der katholischen Kirche (560)
Salvatore Quasimodo, Das Leben ist kein Traum (696)
Salvatore Quasimodo, Ein offener Bogen (1111)
Saint-John Perse, Anabasis (874)
Lope de Vega, Wir leben in zwei Zeiten (809)

Von Giorgio Bassani liegen in der Serie Piper
außerdem vor:
Die Gärten der Finzi-Contini (314)
Hinter der Tür (386)
Die Brille mit dem Goldrand (417)
Ferrareser Geschichten (430)
Der Reiher (630)
Der Geruch von Heu (693)
Erinnerungen des Herzens
Herausgegeben von Eberhard Schmidt (938)

ISBN 3-492-11381-8
Deutsche Erstausgabe
Juni 1991

Umschlag: Federico Luci,
unter Verwendung eines Ausschnitts aus den »Scene di
giardini e uccelli dalla Villa di Livia a Prima Porta«
(Museo Nazionale Romano, Rom)
Gesamtherstellung: Clausen & Bosse, Leck
Printed in Germany

Poetisches Erzählen und erzählendes Dichten über Ferrara als Lebensaufgabe

Giorgio Bassani stellte sein gesamtes, mittlerweile Weltliteratur gewordenes Schaffen in den künstlerischen Dienst von Ferrara, damit dessen durch Ariost und Tasso begründeten Literaturruhm fortsetzend. Daß Autoren einer Stadt oder Landschaft ganz ihren Schöpfungsatem widmen, hat auf der Apenninhalbinsel Tradition: Tozzi schrieb nur über Siena, Pratolini porträtierte gerade die florentinische Gesellschaft, Sciascias Romane sind Sizilienbilder, Svevo und Saba gewannen Triest modernste Psychogramme ab, Moravia war letztlich ein römischer Autor, Piovene nahm sich die Palladio-Stadt Vicenza als Kreationsbühne, die hermetische Lyrik Montales und Ungarettis bietet ontologische Welteinsichten unter dem Himmel Liguriens. Bassanis Lebensaufgabe ist die ästhetische Erhöhung der ferraresischen Val Padana, die in der Renaissance Künstler zu Großartigem in Malerei und Architektur inspirierte. Sein Ferrara liegt im zwanzigsten Jahrhundert, wie ein verwunschener Garten abseits der großen Wege, ist »Provinz« und damit nicht ohne Monotonie, aber dennoch Urbild des Lebens, der Vergänglichkeit. Groß war für ihn die Gefahr, bei der leidenschaftlichen Schilderung solch lethargisch ruhender Phänomene nicht gestalterischer Wiederholung zu erliegen. Er entging ihr dadurch, daß er überhaupt sparsam mit der Publikation von (wenig umfangreichen) Büchern umging: etwa ein Dutzend Erzählungen sind es, zu denen die schmalen Teile seiner Pentalogie *Il Romanzo di Ferrara* hinzukommen, alles dies Prosa, welche von zwei mal zwei Gedichtbänden umrahmt wird. Das heißt dem Erzähler Bassani ging der Lyriker voraus, und Lyrik schließt – lassen wir die späte »Appendix« *Di là dal cuore* beiseite – das Hauptœuvre ab! Und dieses Finale – wenn man so will: Höhepunkt seines Schreibens – ist Inhalt dieser Anthologie. Der thematischen und strukturellen Einseitigkeit entging Bassani weiterhin dadurch, daß er die Distanz zur poetisch erzählten Welt – es ist prinzipiell das Ferrara der Vorkriegs-, Kriegs- und Nachkriegszeit (auch wenn der Poet in diesem Band den Blick ab und zu aus fernen Ländern in die Heimat richtet) – meisterlich änderte, nuancierte, so daß das Dargestellte wohl »gleich«, jedoch stets in anderer Brechung erscheint: Bassanis Figuren erblickt man und sie bleiben »hinter Glas«: der dichtende Betrachter indes bewegt sich kontinuierlich. Das Kunsthafte entsteht aus der virtuosen Perspektivierungsvariation; so durchfährt das lyrische Ich das Ferrara der Jugend gar einmal – gealtert – im Rolls Royce. Künstlerisch umbildendes Abbilden von Wirklichkeit hat dieser Dichter als das eigentliche Ziel von Literatur erkannt. Hinzu kommt, daß er eben das zeigt, was allzeit Anlaß für das Schreiben sein wird: der Mensch in seiner Lebensverhaftung, Gesellschaftlichkeit, politischen Zeitbezogenheit. Bassanis sensibel gezeichnete Menschen sind überwiegend leidende Figuren: Sie tragen die Pein einer durch Gewalt, Krieg, Not unterdrückten Welt zur Schau. Die ununterbrochene Betrachtung von Vergangenem, um Leid wiederzuerkennen, ist so zum Beispiel auch Ziel des Icherzählers im Schul- und Jugendroman *Hinter der Tür*: »Ich bin in meinem Leben oft unglücklich gewesen, als kleines Kind, als Knabe, als Heranwachsender und schließlich als Erwachsener, und meine Verzweiflung hat oft den äußersten Punkt erreicht.« Bassanis Dichten ist in Gegenwart an Vergangenheit geläuterte, heiter aufgeklärt auftretende Verzweiflung. Ganz speziell ist sie vom Schmerz gezeichnet, den das Judentum in den dreißiger und vierziger Jahren erlitt. Denn der Autor stammt aus einer großbürgerlichen jüdischen Familie, und in Ferrara lebte eine der größten und ältesten israelitischen Gemeinschaften Italiens. Gedichtbände, Erzählungen, Romane sind vom unauslöschlichen Wissen gebrandmarkt, daß in der geliebten Stadt und der sie umgebenden Po-Landschaft Böses geschah.

Eine große Leistung besteht darin, daß er Ungerechtigkeit, Torturen, Verbrechen nicht mit hartem Realismus in die Welt schrie, obwohl das Recht dazu bestand; der Autor führt seine Leser statt dessen in chagallhaft liebsame Räume, romantische Sphären, in denen er sich wohlfühlen, verweilen will, bis er merkt, daß er sich auf blutigem Terrain befindet, weil Evoziertes nur Erinnerung an Getötetes ist. Wie lieblich wäre doch das Ästhetikgewebe im renaissancefrescohaften Garten der Finzi-Contini, wenn nicht der Tatbestand bliebe, daß die zauberhaft konturierten Figuren in deutschen Gaskammern starben! Wie leidenschaftlich könnte sich der Leser in *Der Reiher* an der Naturlandschaft um Codigoro austräumen, wenn der stolze Vogel nicht den Protagonisten Edgardo Limentani veranlaßte, ebendort seinem Leben ein Ende zu setzen!

Die Lyrikbände Bassanis haben im Gesamtwerk folgende Bedeutung: Sie eröffnen als Prélude den großen europäischen Erzähler und sie synthetisieren schließlich, nach Entstehen des fiktionalen Schaffens, noch einmal das Erzählwerk, die erste Lyrikphase sowie eben, in cumulo, den ganzen Künstler. Die beiden ersten Gedichtveröffentlichungen, *Storie dei poveri amanti* (1945) und *Te lucis ante* (1947), führen chronologisch-perspektivisch in die unterste Erlebnisschicht. Das in diesen Texten Thematisierte stellt die erste literarische Berührung, die primäre ästhetische »Instanz« dessen dar, was er dann in den *Ferrareser Erzählungen* sowie in den Romanen in Prosa umgießt. Während diese erste Lyrik nahezu dokumentarischen Wert besitzt, markieren die beiden hier vorgestellten Bände *Epitaffio* (1974) und *In gran segreto* (1978) den größten Abstand zur bedichteten Realität.

Denn Bassani selbst unterscheidet sein Schreiben nicht epochenhaft oder nach Gattungen: Für ihn gibt es nur *die* Literatur. Aus seiner Sicht wären die ersten Gedichte tatsächlich Vorstufen seiner Prosa, die Erzählungen und die Romane wären dann poetische Prosa, wie schließlich *Epitaffio* und *In gran segreto* poetische Fortsetzungen des »Ferrara-Roman-Bogens« wären. Bassani ist nämlich konsequentester Befolger des Poesia-non poesia-Konzeptes von Benedetto Croce; nach ihm hat jedes literarische Werk – einerlei ob Prosa oder Dichtung – poesiehaft zu sein. Überspitzt könnte man sagen: Die nun vorgelegte Anthologie konfrontiert mit dem weitesten Wegstück literarischer Transposition, dem höchsten Grad poetischer Distanzierung in Bassanis schriftstellerischer Kunst.

Bei dieser grundsätzlichen Bedeutung von Poesie muß es überraschen, daß Bassani in der Entwicklung der Lyrikgeschichte Italiens der letzten fünfzig Jahre »keine Rolle« spielte, nicht in Literaturgeschichten als Dichter vorgestellt wird. In historischem Strömungszusammenhang ist er offenbar nicht so einfach zu situieren. Die italienische Lyrik nach Romantik, Decadentismo und Crepuscolarismo wird ja eindeutig durch die »Hermetiker« bestimmt: Saba, Ungaretti, Montale, Quasimodo, die in gedrängten Worttexturen auf engstem Raum verdichteteste Weltbilder schufen, die originell verschlüsselt sind, von neuem Wortsinn leben; ihre Formen geben sich selbst neue Funktion. Dieses seit den dreißiger Jahren einsetzende, noch in den sechzigern festzustellende dunkle, »kosmische« Dichten ist anders als das klare, hellere Dichten Bassanis, wobei indes sein Poesiebegriff nicht weniger philosophisches Gewicht hat, nicht weniger als der im alten Griechenland. Auch für ihn ist poetische Handhabung von Welt einziger Schlüssel zur Durchdringung von Wirklichkeit, ein magisches »Hinter-die-Tür-Sehen«. Bassani steht also eher über abgrenzbaren Zeiten, über literarischen Strömungen, könnte aber wohl an die Seite von Mario Luzi, dem großen Nestor der heutigen Dichter

Italiens, gestellt werden, mit dem er das seherische Meditieren über Italianität in poetisch-epischen Diskursen gemeinsam hat.

Die beiden Lyrikbände der ersten Phase unterscheiden sich von den beiden der letzten ganz deutlich, vor allem formal. *Storie dei poveri amanti* (entstanden 1939–45) und *Te lucis ante* (entstanden 1947–51) bieten Texte ausschließlich in festen, mit Reimen versehenen Strophen. Man könnte sagen, daß der Dichter dort die zerstörte Welt in bindenden Strukturen be-greifen, er-fassen, wieder auf-bauen wollte. Es folgten hierauf die Erzählungen und Romane. Etwa zwanzig Jahre nach den ersten Gedichten schrieb Bassani dann 1973–74 *Epitaffio* (veröffentlicht 1974), bestehend aus einer (nicht weiter unterteilten) Sequenz von sechsundsechzig Texten sowie 1976–78 *In gran segreto* (veröffentlicht 1978), zwei Reihen zu je vierundzwanzig (= achtundvierzig) Gedichten (»Tale e quale« und »In gran segreto«). Die Bandbezeichnungen »Grabinschrift« und »Als großes Geheimnis« bekunden Werkabschluß, Testamentarisches, Vertraulichkeit, so daß beiden Publikationen ein hoher Wert als »Informationsträger« zukommt. Wie die ersten Gedichtbände, entstehen diese wiederum zusammen beziehungsweise hintereinander in kurzem Zeitraum, wie ja auch sein fiktionales Œuvre ein kohärentes, in einem Wurf abgeschlossenes ist. Wie alle großen Autoren, hat Bassani somit sein Schaffen selbstbewußt und gezielt angelegt: Die Lyrik bildet insgesamt ein vierteiliges Polyptichon (eine poetische Tetralogie), während die Lyrik mit der Prosa ein Tryptichon darstellt, das als Mittelstück und »Hauptteil« Prosa, als »ergänzende« Seitenflügel Poesie hat.

Die zweite, späte poetische Phase repliziert deutlich auf die erste, auf den »jugendlichen« Schöpfungsbeginn des Künstlers. Beide haben in etwa gleiches Volumen, und das Bauprinzip ist recht ähnlich, aber doch ganz anders; die Texte der vorliegenden Anthologie sind wiederum strophisch (stichisch), aber für die Strophen entwickelt der Autor heterometrische (nun nicht mehr gereimte) Gliederungseinheiten, jeweils Unikate. Die Zeit isometrischer, fester Strukturen ist ja vorbei. Die Zeilen fließen dennoch in autonomer Harmonie dahin, fast wie sehr glatte Prosa, und zwar wie eine besonders weiterentwickelte Prosa – sie entstanden ja nach den Erzählungen und Romanen. Die Texte sind also keineswegs formlos. Die unterschiedlich langen, bisweilen nur ein Wort umfassenden Verse bieten dem Dichter große Möglichkeiten, Schlüsselbegriffe, entscheidende Syntagmen herauszustellen, Bilder hervorzuheben, wie in *Al telefono*, wo die Strophenabschlüsse *tè – di me – di sé* ein echohaftes Kommunikationswortspiel, eine akustische Leerformel ergeben!

(So in einer zweiten Version des Textes in *In gran segreto*, was anzeigt, daß vom dritten zum vierten Lyrikband die poetischen Verfahren auch noch gesteigert oder vielmehr die Sinnkonstitution äußerst geschickt intensiviert wird.) Den Gesetzen moderner Lyrik gemäß gibt sich hier jede Textur ihre eigene Form, die stets eine rhythmisch geartete, fließende ist; und die Ondulation der Klänge bewirkt Brechung, Distanz zur zurückliegenden Zeit. Die Symphonie der Satzreihen ist beruhigend, beschwichtigend, versöhnend, aussöhnend (obwohl auch provozierende Mißtöne angestimmt werden können). Der Blick des lyrischen Ichs zurück in Vergangenes erfolgt überwiegend nicht im Zorn, sondern gedämpft, getönt, mild gesonnen. Bassanis Worte über einstige böse Tage erreichen uns wie aus einer anderen Epoche, die längst – und das ist gut so – vorbei ist, aber mit epenhaften Schwingungen – zur Mahnung – wachgehalten wird. Der Text *Die Rassengesetze* aus *Epitaffio* zeigt wirkungsvoll, wie Bassani viereinhalb Jahrzehnte nach offiziellem, verhängnisvollem Diskriminierungsbeginn die Windungen von Leid und Zeit in die Gegenwart hineinknüpft: »Die Magnolie wächst genau in der Mitte des Gartens / unseres Hauses in Ferrara und sie eben ist es auch / die in fast allen meinen Büchern / wiederkehrt / wir pflanzten sie im Jahr 39 / wenige Monate nach der Verkündigung / der Rassengesetze ...« Die prachtvoll zarte Blütenflut der Magnolie überdauert mit ihrem Wiederkehren die Zeit, die Vergänglichkeit, signalisiert Wiederaufkeimen. Der zaubervolle Baum ist dem lyrischen Ich eben noch heute sichtbar, führt potentiell direkt und immer wieder in Furchtbarkeiten zurück. Bassanis Schreiben und Dichten über Ferrara, über seine Vergänglichkeit und Ewigkeit ist wie ein guter, stets neu erblühender Baum in einem alten italienischen Garten.

Heinz Willi Wittschier

AUS DEM BAND »EPITAFFIO«
(1973–1974)

Foro Italico giugno '72

Lasciamiti vedere
piantala
di tirarti tutta indietro sulla sedia
di plastica
di mostrarmi soltanto la punta del nasino
di sotto in su
i bianchi degli occhi

Foro Italico Juni '72

Laß mich dich sehen
hör schon auf
dich auf dem Plastikstuhl ganz nach hinten
zu lehnen
und mir nur die Spitze deines Näschens zu zeigen
von unten nach oben
das Weiß deiner Augen

Negli anni d'oro

Negli anni d'oro della mia
gioventù
a quante sublimi auree cose credevo
con mica troppo ahimè
coraggio di crederci!

Adesso
quasi vecchio quasi
completamente incredulo
ne ho tanto però di
coraggio

In den goldenen Jahren

In den goldenen Jahren meiner
Jugend
ach an wie viele erhabene glorreiche Dinge glaubte ich
und hatte dabei doch nur wenig Mut
an sie zu glauben!

Jetzt
da ich bald alt und bald
völlig ungläubig bin
habe ich doch und wieviel
Mut

Ormai lo so

Ormai lo so perché alla mia santa
gli occhi le si riempiono così spesso di lacrime
e dice che vorrebbe
morire

Lo so da quando le ho recitato
le tre terzine finali del decimo del Paradiso
spiegandole poi come
risulti chiaro che secondo Dante
la jouissance di lassù
non si diversifica minimamente
da questa di quaggiù
tranne che per la durata
e che perciò l'eternità paradisiaca
altro non è in sostanza che un
unico
solo
interminato
venire

Nun weiß ich es

Nun weiß ich es warum die Augen meiner Heiligen
sich so oft mit Tränen füllen
und sie sagt sie wolle
sterben

Ich weiß es seitdem ich ihr die drei
Schlußterzinen des zehnten Paradiesgesanges
vorgelesen und ihr erklärt habe
wie überzeugend nach Dante der Genuß dort oben
sich in nichts von dem hier unten unterscheide
außer durch die Dauer
und daß darum die Ewigkeit des Paradieses
im Grunde nichts anderes sei als ein
einmaliges
einziges
endloses
Kommen

Da quando

Da quando
ho deciso di non rispondere
mai più
a una tua lettera
nessun'altra lettera mai
ho più potuto
nemmeno aprirla

Lascio
che vengano
che mi cadano attorno
che giacciano laggiù ai miei piedi
capovolte e inevase
zitte
come me come ormai la mia
vita

Seitdem ich

Seitdem
ich beschlossen habe nie mehr
einen deiner Briefe
zu beantworten
konnte ich keinen andern Brief
auch nur
öffnen

Ich lasse
sie kommen
um mich niederfallen
da unten bei meinen Füssen liegen
mit der Anschrift nach unten und unerledigt
schweigsam
wie ich wie nunmehr mein
Leben

Gli ex fascistoni di Ferrara

Gli ex fascistoni di Ferrara
invecchiano
alcuni
di quelli che nel '39
mostravano di non più ravvisarmi
traversano mi buttano
come a Geo le braccia al collo
gaffeurs incontenibili
sospirano eh voi
propongono
dopo la dolorosa
pacca sulla spalla mancina
l'agape casalinga
che alfine consenta alla monumentale mummy cattolica
d'estrazione bolognese o rovigotta
ai brucanti in tinello strabiondi
teen-agers incontaminati
di incontrarlo una buona volta
il già compagno di scuola talmente
bravo
il bravo
romanziere
il presidente...

Die exfaschistischen Bonzen von Ferrara

Die exfaschistischen Bonzen von Ferrara
werden alt
einige
von denen die im Jahr 39
mir deutlich zeigten mich nicht mehr zu kennen
kommen herüber werfen mir
wie dem Geo die Arme um den Hals
unaufhaltsame gaffeurs
seufzen sie ach Ihr
schlagen nach einem
schmerzenden Handschlag
auf die linke Schulter
ein häusliches Liebesmahl vor
das es endlich der monumentalen katholischen Mummy
die in Bologna oder Rovigo ausgelost wurde
und den im Speisezimmer grasenden superblonden
und unbefleckten Teenagers erlaubte
ihn ein für allemal kennenzulernen
den einstigen Schulkameraden den so
erfolgreichen
den erfolgreichen Romancier
den Präsidenten...

Hanno l'aria di insinuare
nel mentre dài piantala
non le vedi che sei tu quoque
mezzo morto?
E poi scusa – continuano
uguali identici ormai
all'ingegner Marcello
Rimini
al rabbino dottor Viterbo –
in che altro modo senza di
noi
avresti potuto metterle insieme
le tue balle con relativo
appoggio di grana eccetera? Dopo tutto
cazzo
potresti ben cominciare
a considerarci anche noi quasi dei mezzi...

Corrazziali? Voi quoque? Dei quasi
mezzi cugini? No piano
Come cazzo si
fa?

Prima
cari
moriamo

Dabei tun sie so als wollten sie sich einschmeicheln
also nun gib es schon auf
siehst du denn nicht daß auch du
schon halb tot bist?
Und dann verzeih – so fahren sie fort
im gleichen Tonfall identisch nun
wie der Ingenieur Marcello
Rimini
der Rabbiner Doktor Viterbo –
auf welche Weise hättest du ohne
uns
deine Ammenmärchen schreiben können
mit der entsprechenden
Hilfe durch Kies etc. Schließlich und endlich
verdammt noch mal
könntest du wohl damit anfangen
auch uns als Halb... anzusehen

Von derselben Rasse? Auch ihr? Halbwegs
Vettern? Nein mal langsam
wie zum Teufel sollte das
geschehen?

Vorher
meine Lieben
sterben wir

A un'amica

Mi dicevi
sdraiata lunga distesa
nel tuo immenso lettone Biedermeier
così decisamente
frocesco
– ed io in piedi dai piedi ti ascoltavo –

che sono un egoista egocentrico
che arrivo a fumare il sigaro nella camera di una dama
che con me non si può discutere
che una poesia o un racconto a me non li si può proprio
leggere
che faccio sempre sentire agli altri
me di qua gli altri di là
eccetera

Va bene cara ma come
scusa
potrebbe essere diversamente?

E senti
poi
chi
parla

Für eine Freundin

Du sagtest mir
lang hingestreckt
in deinem riesigen Biedermeierbett
das so eindeutig
halbseiden ist
– und ich hörte dir am Fußende stehend zu –

daß ich ein egozentrischer Egoist bin
daß ich soweit gehe im Zimmer einer Dame eine Zigarre
zu rauchen
daß man mit mir nicht diskutieren kann
daß es unmöglich ist mir ein Gedicht oder eine Erzählung
vorzulesen
daß ich die anderen immer spüren lasse
hier bin ich dort seid ihr
und so weiter

Einverstanden meine Liebe aber wie
verzeih
könnte es anders sein?

Und übrigens:
du hast es
nötig

Conversazione letteraria

Dimmi lo piglierai
nel caso che te lo
dessero?

Che intanto boh me lo
diano

Dopo al caso vedrò e
lo saprai

Literarische Unterhaltung

Sag mir würdest du ihn nehmen
gesetzt den Fall sie würden ihn dir
geben?

Na sollen sie ihn mir erst einmal
geben

Dann je nachdem will ich darüber nachdenken
und dich wissen lassen

A un critico

Ben volentieri te lo darei
mio caro un calcio nel
culo

Ma ti farebbe
poi
male?

Für einen Kritiker

Wie gerne mein Lieber
gäbe ich dir einen Tritt in den
Arsch

Aber täte er dir
auch
weh?

A un altro critico

Se la poesia deve essere ormai – come tu dici –
considerata né piú né meno d'un semplice
strumento di comunicazione
uguale a tantissimi altri ebbene
sia

Comunicare tramite l'arte del resto fu ognora
la mia ambizione suprema
pur se non giunsi mai e poi mai
a sperare di riuscirci persino con te
coglione

Für einen anderen Kritiker

Wenn die Dichtung – wie du sagst – nunmehr
nur noch als ein einfaches Instrument
der Mitteilung zu bewerten ist
so wie sehr viele andere auch nun gut
so sei es

Sich mitteilen durch die Kunst war übrigens immer
mein höchster Ehrgeiz
auch wenn es mir nie ja niemals zu hoffen gelang
dieses Ziel zu erreichen nicht einmal mit dir du
Schlappschwanz

A Franco Fortini

Incontrandoti
anni fa in bicicletta sulle pendici
tutte al sole di Monte Marcello
dove – spiegavi malinconico – vi siete fatti
la villetta del week-end e delle grandi
vacanze
ho invidiato tutto di te dalle polpe
di bronzo ai fenomenali
bigi cernecchi quasi neoclassici ma specialmente
il volto carnoso diventato
a forza di frequentare letterature nordiche
un po' da Nobel
svizzero

Che fatica lo so
anche io per esperienza
che fatica e che noia per dei fantasmi
dei semivivi del tuo e mio stampo
sentirsi sempre obbligati a far lavorare il
muscolo
a sfidare la vetta
essere quelli che siamo
e passare per dei Bassani e dei
Fortini

Für Franco Fortini

Als ich dich vor Jahren
auf dem Fahrrad auf den besonnten Hügeln
des Monte Marcello traf wo ihr Euch –
so erklärtest du melancholisch – ein Häuschen
fürs Wochenende und für die großen
Ferien angeschafft hattet
da beneidete ich alles an dir von den
bronzenen Muskelpaketen bis zu dem großartigen
grauen fast neoklassischen Backenbart
besonders aber das fleischige Gesicht
das durch den häufigen Umgang mit nordischer Literatur
ein wenig zu einem Schweizer
Nobel
geworden war

Wieviel Mühe ich weiß es
aus eigener Erfahrung
wieviel Mühe und wieviel Überdruß verlangen
die Geister die mehr tot als Lebendigen unserer Art
daß wir uns immer verpflichtet fühlen
die Muskeln
arbeiten zu lassen und die Gipfel zu erstürmen
immer die zu sein die wir sind
und aufzutreten als die Bassanis und die
Fortinis

Nudo

Certe volte da che ho perduto
l'olfatto
mi dico per consolarmi
cieco non la vedrei

Ma poi ecco il mio giunco là la mia grande
bionda
e a guardarla non vedo che il
suo odore

Akt

Hin und wieder seitdem ich den Geruchsinn
verloren habe
sage ich mir zum Trost
wäre ich blind könnte ich sie nicht sehen

Aber da kommt meine gertenschlanke meine große
Blonde
und schaue ich sie an sehe ich nur
ihren Geruch

4 marzo '73

Oggi è il mio compleanno e la mia giovane
belva la mia
santissima
mi dice fra i singhiozzi che la sola
cosa che lei rimpiange è che io non abbia
infiniti più anni di quelli che già
ho
che io non sia a tal punto decrepito insomma da trovarmi a un passo
dal termine dell'esistere
mio personale e
separato
perché l'amore – grida – quando è vero
non può essere che come il suo e cioè nemico
della vita

4. März '73

Heute ist mein Geburtstag und meine junge
Raubkatze meine
Allerheiligste
sagt mir schluchzend daß sie nur eine Sache
bedauere daß ich nicht unendlich viel älter sei
als ich es schon bin
daß ich nicht schon derartig hinfällig sei mich also
schon ganz nahe am Ende meines Lebens
meines eigenen und des
von ihr getrennten befände
denn die Liebe – schreit sie – wenn sie echt ist
kann ja nur sein wie die ihre und das heißt dem Leben
verfeindet

I due sangui

Fra i due sangui il rosso e il nero
che mi corrono arterie e vene
lei preferisce il rosso
naturalmente
il gioioso il pazzo l'ardente
il femminile

Ma non ammette che mi sia venuto
da mia madre nega
che da me sia poi passato
a mia figlia
dice che è la sua *vita e che la vita*
nasce e muore con me

Zweierlei Blut

Zweierlei Blut das rote und das schwarze
fließt durch meine Arterien und Venen
sie bevorzugt das rote
natürlich
das heitere das verrückte das glühende
das weibliche

Aber sie läßt es nicht gelten daß von meiner Mutter
es zu mir kam sie leugnet
daß von mir es dann überging
an meine Tochter
sie sagt daß es *ihr* Leben sei und daß das Leben
in mir geboren ist und mit mir stirbt

No non aggiungerò

No non aggiungerò nuova legna
al fuoco lasciamo
che la legna che già c'è si consumi
a poco a poco
che la vampa si trasformi a poco a
poco in brace
ed io e te zitti – seduti
uno a fianco dell'altro – dal fondo
buio della sala a guardare
spegnersi finalmente anche
quella

Nein ich lege kein neues Holz

Nein ich lege kein neues Holz
ins Feuer warten wir ab
daß das Holz das schon da ist sich
langsam verzehrt
daß die Flamme sich nach und nach in Glut
verwandelt
und wir du und ich schweigsam einer
neben dem andern vom dunklen Ende
des Saals zuschauen wie auch sie endlich
erlischt

All'addiaccio

Crois-tu qu'on en sortira?
ripetevi tremante e ogni tanto
baciandomi
la notte d'agosto e d'eclisse
di quasi due anni
fa
nudi entrambi e abbracciati sopra la nuda
pietraia di qua da Trècchina

Ma solo adesso lo so mia bella
mia assai
amata
che sempre ci se la cava sempre
in ogni caso e qualsiasi

e che dunque non ne usciremo
mai

Unter freiem Himmel

Crois-tu qu'on en sortira?
du wiederholtest es zitternd und küßtest mich
hin und wieder
in jener Augustnacht mit der Mondfinsternis
vor nicht ganz zwei
Jahren
wir lagen beide nackt und umschlungen auf den nackten
Steinen in der Nähe von Trècchina

Aber jetzt erst weiß ich meine Schöne
meine sehr
Geliebte
daß man immer davon kommt
auf alle Fälle und wie immer auch

und daß wir also niemals
herausfinden

Da Hofmannsthal

Ride e dice no senti
chi mai se lo sognerebbe
di legarti?
Tu fedele? Lo so
lo so ben io cosa vali
anche tu a sentimenti

Giralo dunque il vasto mondo dài
cambia pur letto ogni notte se ci
tieni
piglia a lascia tutte quante le
belle tipe chic che vorrai

Stufi d'un vino lo si
pianta ma la mia bocca
la mia lingua eh com'erano?
Quel giorno che tu cominciassi
a scordartene vieni
torna

Nach Hofmannsthal

Sie lacht und sagt ach nein hör zu
wer dächte schon daran
dich festzuhalten?
Du treu? Ich weiß
sehr wohl was ich auch von deinen
Gefühlen zu halten habe

So ziehe denn durch die weite Welt und wechsle
nur jede Nacht das Bett wenn es dir so
gefällt
nimm und verlaß sie wieder all die
schicken schönen Typen die du willst

Wenn einen Wein du über hast
dann laß ihn stehen aber mein Mund
meine Zunge wie waren sie noch?
Am Tag da du anfängst
sie zu vergessen komm
kehr zurück

La cuginetta cattolica

No non è affatto vero sono stato
molto felice da
ragazzo
però da bambino incomparabilmente
di più

La mia vita si svolgeva a quell'epoca
– l'epoca della guerra –
nella casa dei nonni in via
della Ghiara
col nonno Cesare che verso sera
tornava in bicicletta dall'ambulatorio o dall'ospedale
e che poi dritto in piedi dinanzi
ad una delle grandi finestre
di cucina
guardava verso Bologna l'oro delle nuvole a grado a
grado spegnersi
e intanto cantava a mezza bocca sogghignando e piangendo
Leonora addio

Sopraggiunse infine da Roma
una bella ardita
moretta
Bruna la cuginetta
cattolica

Das katholische Kusinchen

Es ist ganz und gar nicht wahr ich bin
sehr glücklich gewesen als
Junge
aber weit glücklicher noch als
Kind

mein Leben spielte sich in jener Zeit
– es war Krieg –
im Haus der Großeltern ab in der Via
della Ghiara
mit dem Großvater Cesare der gegen Abend
auf dem Fahrrad von der Praxis oder von der Klinik zurückkam
und der dann in aufrechter Haltung
vor einem der großen Küchenfenster
in Richtung Bologna die goldenen Wolken sich nach und
nach auflösen sah
und sang dabei mit halbgeöffnetem Mund grinsend und
weinend
addio Leonora

Aus Rom gesellte sich schließlich
eine schöne und freche Brünette
hinzu
Bruna das katholische
Kusinchen

Dai giornali

I furti di opere d'arte hanno ognuno uno
stile

Da una chiesa del sud della Francia nottetempo
risultano sottratti
ieri
un bassorilievo gotico e sei arazzi
del XVII secolo

Dalla vetrina blindata di un museo svedese
e per di più durante le ore
di visita
tre orologi del XVIII

In Nigeria tre statuette – non è detto
quando e dove –
le quali sarebbero a tutt'oggi in possesso
di anonimi
residenti uno a Parigi uno a New York e uno in
Olanda

Negli U. S. A. infine da due banditi
penetrati armi alla mano e di pieno giorno nella civica
pinacoteca di Worchester Mass.
quattro tele – un Rembrandt due Gauguin un Picasso –
del valore di più di
un milione di dollari

Aus den Zeitungen

Die Kunstdiebstähle haben ein jeder seinen
Stil

Aus einer Kirche in Südfrankreich
wurden gestern
Nacht
ein gotisches Halbrelief und sechs Gobelins
des 17. Jahrhunderts entwendet

Aus der gepanzerten Vitrine eines schwedischen Museums
und noch dazu während der
Öffnungszeit
drei Uhren des 18.

In Nigeria drei kleine Statuen – ohne Zeit
und Ortsangabe –
die bis zum heutigen Tag im Besitz
von Unbekannten seien
von denen einer in Paris einer in New York und einer
in Holland lebt

In den USA schließlich wurden von zwei Banditen
die mit der Waffe in der Hand und am hellichten Tag
in das Stadtmuseum von Worchester Mass. eingedrungen
waren
vier Gemälde – ein Rembrandt zwei Gauguins und ein Picasso –
mit einem Wert von über einer Million Dollar gestohlen

Al telefono

Mi racconta che stanotte al telefono
avevo parlandole una strana voce
molto calma e pacata che dicevo
cose affatto sensate e ragionevoli insomma ma con un
tono un po' da
bambino

Non ne so nulla non mi ricordo
di niente
però mi chiedo vive dunque ancora
quel bambino medesimo che corrucciato abbraccia
la mamma nel minuscolo
quadretto fotografico che sta in salotto a Ferrara?
Possibile? Vivo e sepolto in me
così e da tanti anni?
Ma allora cosa gli accadrà che ne sarà di lui misero
tra poco?

Am Telefon

Sie erzählt mir daß ich ihr heute nacht
am Telefon mit seltsamer Stimme gesprochen habe
daß ich ihr ruhig und gelassen
durchaus vernünftige und gescheite Dinge sagte
aber doch ein bißchen im Tonfall eines
Kindes

Ich weiß davon nichts und erinnere mich an
nichts
und doch frage ich mich lebt also noch
eben jenes Kind das bekümmert die Mutter
umarmt im winzigen Fotorahmen
der im Salon in Ferrara steht?
Ist es möglich? Lebt es also und ist in mir selbst begraben
seit sovielen Jahren?
Aber dann was geschieht ihm dann was wird aus ihm dem armen
bald bald?

Rolls Royce

Subito dopo aver chiuso gli occhi per sempre
eccomi ancora una volta chissà come a riattraversare
Ferrara in macchina
– una grossa berlina metallizzata di marca
straniera dai grandi
cupi cristalli forse una
Rolls –
a scendere ancora una volta dal castello Estense giù per corso
Giovecca verso il roseo
ghirigoro terminale della Prospettiva che intanto piano
piano si faceva grande entro il concavo
rettangolo del parabrise

Lo chauffeur d'alta e dura collottola seduto a dritta davanti
certo lo sapeva molto bene da che parte dirigersi né io d'altronde
mi sognavo minimamente
di rammentarglielo
ansioso com'ero di riconoscere sulla sinistra la chiesa
di San Carlo più in là a destra
quella dei Teatini
a lei di contro già fermi così di buon'ora in crocchio sul marciapiede
dinanzi alla pasticceria
Folchini

Rolls Royce

Gleich nachdem ich die Augen für immer geschlossen habe
werde ich noch einmal weiß der Himmel wie Ferrara
im Auto durchkreuzen
– in einer großen metallikfarbenen Limousine
ausländischer Provenienz mit mächtigen dunklen
Scheiben vielleicht ein
Rolls –
werde ich einmal noch vom Schloß der Este über den Corso
Giovecca hinunterfahren zum rosafarbenen Kreisverkehr
am Ende der Prospettiva die indessen immer größer und
größer wird
im gewölbten Rechteck der Windschutzscheibe

Der Chauffeur mit dem hohen und steifen Stehkragen
wußte gewiß in welche Richtung er zu fahren hatte
und ich dachte nicht im Traum daran
ihn darauf hinzuweisen
ungeduldig wie ich war auf der Linken die Kirche
von S. Carlo und dann weiter zur Rechten
die Theatinerkirche wiederzuerkennen
und ihr gegenüber so früh schon am Tag auf dem Trottoir
vor der Konditorei
Folchini

gli amici di mio padre quando lui era giovane
i più con larghe lobbie bige in capo alcuni con tanto di mazza
dal pomo d'argento in pugno
ansioso anzi smanioso com'ero insomma di ripercorrere
l'intera Main
Street della mia città in un giorno qualsiasi di maggio- giugno
attorno alla metà degli anni Venti un quarto d'ora avanti
le nove di mattina

Quasi sospinta dal suo stesso soffio lussuoso infine la Rolls svoltava
laggiù per via Madama e di lì a poco in via
Cisterna del Follo
e a questo punto ero io non più che decenne
le guance di fuoco per il timore d'arrivar tardi a scuola
a uscire in quel preciso istante coi libri sottobraccio
dal portone numero
uno
ero io che pur continuando a correre mi giravo indietro
verso la mamma spenzolate dalla finestra di sopra a
raccomandarmi
qualcosa
ero io proprio io che un attimo prima di sparire
alla vista di lei ragazza dietro l'angolo
levavo il braccio sinistro in un gesto
d'insofferenza e insieme
d'addio

den Zirkel der Freunde meines Vaters als er jung war
die meisten mit breitkrempigen grauen Hüten auf dem Kopf
einige mit auffallenden Spazierstöcken mit Silberknauf in der Hand
ungeduldig ja süchtig wie ich es wirklich war die ganze
Main Street meiner Stadt an irgendeinem Mai- oder Junitag
wieder abzufahren etwa Mitte der zwanziger Jahre morgens
ein Viertel vor neun

Gestoßen fast vom eigenen Luxushauch bog der Rolls
schließlich in die Via Madama ein und von dort bald
in die Via Cisterna del Follo
und an dieser Stelle war ich nur noch 10 Jahre alt
die Wangen feuerrot aus Angst zu spät in die Schule zu kommen
ich war es der in diesem bestimmten Augenblick
mit den Büchern unterm Arm aus der Hausnummer
eins
kam ich war es der im vollen Lauf mich umdrehte
der Mutter zu die in einem Fenster des oberen Stockwerks
hing mir
irgend etwas
zurief einen guten Rat
ich war es ja ich der einen Augenblick
bevor ich ihrem Mädchenblick entschwand hinter der Ecke
den linken Arm hob zu einer Geste aus
Ungeduld und Abschied

Avrei voluto gridare alt al rigido
chauffeur e scendere ma la Rolls
sobbalzando mollemente già lungheggiava
il Montagnone anzi ormai fuori
Porta già volava per strade ampie deserte
prive affatto di tetti ai lati e affatto
sconosciute

Wie gerne hätte ich dem steifen Chauffeur
ein Halt zugerufen wäre ausgestiegen
aber der Rolls fuhr sanft federnd schon dem Montagnone
entlang nein schon durch die Porta hinaus flog schon dahin
durch weite verlassene Straßen auf deren Seiten
keine Dächer mehr und die ganz unbekannt waren

A letto

Ieri sera a letto mi ero messo
dalla parte destra quella che occupa
lei quando è qui
e stamani svegliandomi mi son ritrovato
a sinistra di dove nel buio ascolto insonne talora
il battito potente del suo
esserci

Cosa mi ha indotto dunque durante la notte
ad abbandonare lo spazio del suo grande
corpo assente
se non l'ansia d'essere anche io
niente?

Im Bett

Gestern abend im Bett hatte ich mich
auf die rechte Seite gelegt auf jene die sie belegt
wenn sie hier ist
und heute früh beim Aufwachen fand ich mich
auf der linken wieder wo ich im Dunkeln und schlaflos
zuweilen den mächtigen Herzschlag ihres
Hierseins höre

Was hat mich wohl bewogen während der Nacht
den Platz ihres großen abwesenden Körpers
zu verlassen
wenn nicht die Angst auch ich
nichts zu sein?

Indovinello

Cara non domandarmelo
chi sia mai la mia nuova segreta
ragazza
Bella? Oh sì stupendissima
grande con grandi occhi azzurri
come te

Come te possessiva rilutta
all'abbraccio anche lei forse frigida
ugualmente
Ma importa?
L'essenziale anche per lei è che non sia io
frigido
proprio niente

Giovane? Tale e quale
te col tuo stesso
piccolo viso appena un po' rugoso
agli angoli delle palpebre e della bocca
col tuo stesso sorriso sempre lì lì
sul punto di rompersi
in lacrime

Rätsel

Frage mich nicht meine Liebe
wer wohl mein neues heimliches
Mädchen sei
Schön? O ja ganz herrlich
groß mit blauen Augen
wie du

Wie du besitzergreifend widerstrebt sie
der Umarmung ist auch sie vielleicht
frigide
Doch was bedeutet das?
Entscheidend ist für sie daß ich nicht
frigide
sei ganz und gar nicht

Jung? Ganz genau wie du
mit demselben kleinen Gesicht das nur in den Winkeln
der Augenlider und des Mundes ein paar Runzeln zeigt
mit eben deinem Lächeln auch
das immer nahe daran ist in Tränen
auszubrechen

Pazza? Né più né meno del più
pazzo giorno di questo aprile
romano
dura e molle esigente e
remissiva quasi altrettanto
quanto la tua
mano

In ciò esclusivamente si differenzia
da te che giammai non mi lascia
un attimo al punto che è qui
perfino adesso
seduta a me vicina su questa medesima
panchina piena di vento

Il nome suo? Non mi va di dirtelo
Dirtelo non servirebbe
a nulla giacché fra l'altro rischierebbe
anima mia al contrario
di farti solo
ridere

Sappi ad ogni buon conto che pari al tuo
termina in ie

Närrisch? Nicht mehr und nicht weniger als
der närrischste Tag in diesem Römischen
April
hart und weich fordernd und
unterwürfig fast genauso
wie deine
Hand

Nur in einem unterscheidet sie sich
von dir daß sie mich nie auch nur einen Augenblick
allein läßt sie ist sogar
jetzt hier
sitzt neben mir auf demselben Bänkchen
wo so viel Wind weht

Ihr Name? Ich will ihn dir nicht sagen
ihn dir sagen nützte auch nichts
bestünde doch liebe Seele unter anderm
die Gefahr daß ganz im Gegenteil
er dich nur lachen machte

Wisse jedenfalls daß er wie der deine
auf *ie* endet

Ninfa rivisitata

La rara pianta orientale d'un bello e ricco
rosso focato all'agguato subito dietro la svolta
d'un sentiero là a Ninfa pari in tutto a una belva
non meno elegante che sanguinaria
ne ha fatta della strada durante gli ultimi
quindici anni dal minimo
cespo in vaso
che era!

È venuta su sviluppando al massimo il vello paludandosene
come d'un mantello di gran classe
che lascia appena intravedere
sotto
le sdutte nere membra attorte i bui
lunghi muscoli pronti
al balzo

Wiedersehen mit Ninfa

Die seltene exotische Pflanze mit ihrer schönen und reichen
feuerroten Farbe auf der Lauer gleich nach der Kehre
eines Pfades hier in Ninfa vergleichbar in allem einer Wildkatze
genauso elegant wie blutrünstig
sie hat einen langen Weg zurückgelegt in den letzten
fünfzehn Jahren von dem winzigen
Büschel im Topf
der sie war

Sie wuchs heran und entwickelte aufs Beste die Hülle
mit der sie sich schmückt
wie mit einem Mantel großer Klasse
der kaum durchscheinen läßt
die schwarzen gewundenen Glieder die dunklen
langen Muskeln die bereit sind
zum Sprung

Saresti cresciuta anche tu così tale e quale
immobile in un canto di questo mio vecchio orto
italiano
senza mai stabilire rapporto alcuno col dialettale contesto
abnorme e stupenda
silente e
minacciosa
per l'esclusiva gioia paurosa ogni tanto del mio
sguardo
per la cauta carezza soltanto
della mia mano

Genauso wärest auch Du herangewachsen
unbeweglich in der Ecke dieses meines alten
italienischen Gartens
ohne jemals irgendeine Beziehung zum örtlichen Umfeld
aufzunehmen
abnorm und herrlich
schweigend und
drohend
für die gelegentliche ausschließliche und ängstliche Freude
meines
Blickes
für die zaghafte Liebkosung nur
meiner Hand

Le leggi razziali

La magnolia che sta giusto nel mezzo
del giardino di casa nostra a Ferrara è proprio lei
la stessa che ritorna in pressoché tutti
i miei libri

La piantammo nel '39
pochi mesi dopo la promulgazione
delle leggi razziali con cerimonia
che riuscì a metà solenne e a metà comica
tutti quanti abbastanza allegri se Dio
vuole
in barba al noioso ebraismo
metastorico

Costretta fra quattro impervie pareti
piuttosto prossime crebbe
nera luminosa invadente
puntando decisa verso l'imminente
cielo
piena giorno e notte di bigi
passeri di bruni merli
guatati senza riposo giù da pregne
gatte nonché da mia
madre
anche essa spiante indefessa da dietro
il davanzale traboccante ognora
delle sue briciole

Die Rassengesetze

Die Magnolie wächst genau in der Mitte des Gartens
unseres Hauses in Ferrara und sie eben sie ist es auch
die in fast allen meinen Büchern
wiederkehrt

Wir pflanzten sie im Jahr 39
wenige Monate nach der Verkündigung
der Rassengesetze mit einer Zeremonie
die zur Hälfte ernst zur Hälfte komisch ausfiel
wir waren alle ziemlich heiter so Gott
will
gerade zum Trotz des langweiligen metahistorischen
Judentums

Eingezwängt in vier ziemlich enge
undurchdringbare Wände wuchs sie
schwarz und leuchtend um sich greifend
entschlossen auf den nahen Himmel
zuhaltend
erfüllt Tag und Nacht von grauen
Sperlingen und braunen Amseln
ruhelos beobachtet am Boden von trächtigen
Katzen und auch von meiner
Mutter
auch sie rastlos auf der Lauer hinter
dem immer von ihren Krumen überquellenden
Fensterbrett

Dritta dalla base al vertice come una spada
ormai fuoresce oltre i tetti circostanti ormai può guardare
la città da ogni parte e l'infinito
spazio verde che la circonda
ma adesso incerta lo so lo
vedo
d'un tratto espansa lassù sulla vetta d'un tratto debole
nel sole
come chi all'improvviso non sa raggiunto
che abbia il termine d'un viaggio lunghissimo
la strada da prendere che cosa
fare

Aufrecht von der Wurzel zum Wipfel wie ein Schwert
stößt sie über die umliegenden Dächer hinaus
jetzt kann sie die Stadt von allen Seiten sehen und den
unendlichen grünen Raum der sie umgibt
aber jetzt sehe jetzt weiß ich sie unsicher
da sie plötzlich dort oben am Wipfel sich ausbreitet
und plötzlich schwach ist in der Sonne
wie einer unversehens da er das Ende einer sehr langen
Reise erreicht hat nicht weiß welchen Weg gehen
was tun

Storia di famiglia

Mi domando talora quale fra i miei parenti ed affini
meno ti sarebbe dispiaciuto e dopo averli
passati nuovamente in rassegna uno per uno
nella memoria
torno ogni volta a concludere che lo zio Giacomo
detto da me bambino zio Dedo
il quale a prescindere dal piccolo Max morto a quattro
anni fu l'unico
fratello di mia madre quello no
quello forse non te la saresti
sentita di disapprovarlo

Sebbene nutrisse fin da ragazzo aspirazioni artistiche
studiò da dottore
soprattutto per compiacere al padre il nonno
Cesare
ma col segreto rovello poi sempre di non aver mai trovato
bastante
animo per rompere dandosi
alla pittura o magari
abbracciando la carriera
diplomatica
e ciò in ispecie dopo un semestre trascorso al Cairo – non
appena ultimati
gli studi che aveva condotto innanzi nella Firenze
dei primi del secolo e quindi in Germania –
assunto pro tempore come personale suo medico dal
Kedivè
d'Egitto

Familiengeschichte

Manchmal frage ich mich wer von meinen Verwandten
und Anverwandten
dir am wenigsten mißfallen hätte und nachdem ich sie
einen um den andern wieder einmal in der Erinnerung
an mir vorbeiziehen ließ
komme ich erneut zum Schluß daß der Onkel Giacomo
den ich als Kind Onkel Dedo nannte
und der abgesehen vom kleinen Max der mit 4 Jahren starb
der einzige Bruder meiner Mutter war daß er
vielleicht vor deinen Augen
Gnade gefunden hätte

Obgleich er schon als Kind künstlerische Neigungen nährte
studierte er Medizin hauptsächlich um dem Vater dem
Großvater
Cesare zu gefallen
aber dann immer mit der stillen Wut nie genügend
Mut gefunden zu haben damit aufzuhören
um sich der Malerei zu widmen oder vielleicht die
diplomatische Karriere
einzuschlagen
und dies besonders nach einem Semester in Kairo – er hatte
eben seine Studien beendet die ihn zunächst in das Florenz
des beginnenden Jahrhunderts dann nach Deutschland
gebracht hatten –
wo er vorübergehend als Leibarzt des Khediven
von Ägypten beschäftigt war

Al termine della prima guerra mondiale dove pare
si portasse da valoroso buscandosi
fra l'altro una lieve ferita al mento che gli lasciò
il bruno viso triangolare adorno d'una bianca
simpatica cicatrice
rieccolo a Ferrara nel '19 senza ad un tratto sapere
che cosa avrebbe fatto di se stesso ma in fondo già
rassegnato
fin d'allora – lui che parlava
correntemente almeno tre lingue – all'esercizio
della professione se non in patria in qualche altro buco
consimile
della provincia padana
previo tuttavia sposalizio
adatto nonché se possibile
conveniente

Si unì dunque in matrimonio nel '20 con una non bella né
giovanissima
ereditiera concittadina che usciva da un clan ebraico
agrario assai chic genere
Finzi-Contini per intenderci la quale subito
gli dette un figlio maschio rivelatosi tuttavia a neanche
un anno dalla nascita minorato
mentale irrecuperabile
e tale perciò da rappresentare per lui durante
i residui dieci anni della sua corta
vita
una fonte perenne d'infinita
pur se nascosta amarezza

Am Ende des Ersten Weltkrieges in dem er scheint es
sich tapfer geführt und sich auch eine
kleine Verwundung am Kinn geholt hat
die sein braunes dreieckiges Gesicht mit einer weißen
sympathischen Narbe schmückte
da ist er also wieder in Ferrara im Jahre 19 ohne gleich zu
wissen
was er mit sich anfangen sollte und hatte sich doch schon
damals
im Grunde damit abgefunden – er der fließend wenigstens
drei Sprachen sprach – seinem Beruf nachzugehen
wenn nicht in der Heimat so doch in irgendeinem
andern ähnlichen Kaff in
der Provinz Padua
nach einer vorausgehenden passenden
und wenn möglich günstigen Eheschließung

So ging er also im Jahr 20 die Ehe ein mit einer weder
schönen
noch besonders jungen Erbin aus derselben Stadt
die einem ziemlich schicken jüdischen Landwirtsgeschlecht
entstammte
vom Typ der Finzi-Contini damit wir uns recht verstehen
die ihm sogleich einen Sohn schenkte
der sich jedoch schon vor Ablauf eines Jahres
nach seiner Geburt als geistig behindert erwies
ohne Hoffnung auf Heilung
und der so für ihn während der ihm verbleibenden
zehn Jahre seines kurzen Lebens
eine dauernde Quelle unendlicher
wenn auch verborgener Bitterkeit
darstellte

Troppo ricca e superba la moglie tremendamente
snob anche essa per riuscire
in qualche modo a consolarlo e difatti accadde
che menassero esistenze in pratica
separate
lui in una cittadina del Veneto in qualità di primario
d'ospedale ivi ognora assistito però e accudito da schiere
di buone e brave suore-infermiere adoranti
lei a Ferrara dedita al bimbo affatto idiota – intestandosi
a rivolgerglisi per lo più in inglese – nella grande
dimora paterna di via
Montebello

Ma per restare un attimo ancora su di lui come mai nella
solitudine
dei suoi anni ultimi
non gli capitasse più di produrre nessuno di quei curiosi
disegni a penna
stile Simplicissimus ma d'argomento
in prevalenza famigliare
a cui si era fatto la mano all'epoca del perfezionamento
in Germania fra l'8 e il '10
– ne sarà rimasta sì e no una ventina poveri
ingialliti fogli d'album affissi a caso qua e là fra tinelli
e salottini nelle sparse tane del superstite
parentado –
non saprei dirlo con certezza
È probabile che badasse a tirare la carretta
giorno dopo giorno perseverando ciò nonostante dentro se
stesso
a sperare così come per fortuna
succede spesso

Zu reich und zu hochmütig gelang es der schrecklich
versnobten Ehefrau nicht ihn auf irgendeine
Weise zu trösten und tatsächlich geschah es
daß sie praktisch getrennte Existenzen
führten
er in einer Kleinstadt des Veneto als Chefarzt
einer Klinik wo er ständig von Scharen guter
und tüchtiger Krankenschwestern umsorgt unterstützt
und angebetet wurde
sie in Ferrara mit dem völlig idiotischen Kind
beschäftigt – sie hatte sich in den Kopf gesetzt sich ihm
hauptsächlich auf Englisch zuzuwenden – im großen
väterlichen
Wohnsitz der Via Montebello

Aber um noch einen Augenblick bei ihm zu bleiben wie
konnte es sein
daß es ihm in der Einsamkeit seiner letzten Jahre
nicht mehr in den Sinn kam eine jener seltsamen Feder-
zeichnungen
im Stil des Simplizissimus aber meist mit familiärer
Thematik herzustellen
wie er sie in der Zeit seiner Fortbildung in Deutschland
in den Jahren 8 bis 10 geübt hatte
– wenn es hoch kommt sind etwa zwanzig armselige
vergilbte
Skizzenbuchblätter geblieben die recht zufällig hier und
dort
zwischen den Eßzimmern und Salons in den verstreuten
Höhlen
der überlebenden Verwandtschaft angeheftet sind –
ich könnte es mit Sicherheit nicht sagen
Wahrscheinlich ist es daß er sich Tag für Tag abrackerte
und kümmerte und dabei doch in seinem Innern fortfuhr
zu hoffen so wie es gottlob
oftmals geschieht

Giacciono comunque tutti e tre assieme padre madre e
figlio
sepolti da molti anni nel cimitero
israelitico di Ferrara
nel piccolo prato a sinistra che si stende giusto di là
dal cancello d'ingresso
tre snelle candide
lapidi sobriamente
iscritte
nel mezzo quella di Cesarino di poco premorto ventenne
alla madre vedova senza che
avesse potuto mai intendere non una sola
parola sia d'inglese sia d'italiano insomma niente
di niente

Wie dem auch sei sie ruhen alle drei zusammen Vater
Mutter und Sohn
bestattet seit vielen Jahren im jüdischen
Friedhof von Ferrara
im kleinen Rasenstück links das gerade hinter
dem Eingangstor liegt
drei schmale schneeweiße
Grabsteine mit einfachen
Inschriften
in der Mitte der des zwanzigjährigen Cesarino der der
verwitweten Mutter
um weniges vorausgestorben war ohne daß er
jemals auch nur ein einziges Wort Englisch oder Italienisch
oder überhaupt irgend etwas verstanden hätte
irgend etwas

Davvero cari non saprei dirvelo

Davvero cari non saprei dirvelo
attraverso quali
strade così di lontano
io sia riuscito dopo talmente
tanto tempo a tornare

Vi dirò soltanto che mi lasciai
pilotare nel buio
da qualcheduno che m'aveva
preso in silenzio per la
mano

Wirklich meine Lieben ich könnte euch nicht sagen

Wirklich meine Lieben ich könnte euch nicht sagen
auf welchen Wegen
es mir gelang aus so weiter
Ferne und nach so langer Zeit
zurückzukehren

Sagen kann ich euch nur daß ich mich
im Dunkeln von einem führen ließ
der mich im Stillen
an die Hand
genommen hatte

Santa Severa

Non fidarti troppo di te se a questo punto
della mia vita
ti appaio così somigliare
a questo quartiere di vecchie ville e villette
borghesi in riva ad un mare
che non è più
mare

Vòltati guarda il territorio selvaggio
che ci sta dietro completamente
disabitato
folto di nere foreste di lecci punteggiato
qua e là come sempre a maggio dai folli
capelli delle ginestre
e che va su su fino al blu
del cielo continuamente in
salita

Santa Severa

Traue dir nicht zu sehr wenn ich dir in diesem Augenblick
meines Lebens
diesem Viertel aus alten Villen und bürgerlichen
Häusern so zu gleichen scheine
am Ufer eines Meeres
das kein Meer mehr
ist

Dreh dich um schau dir dieses wüste Gebiet an
das vollkommen unbewohnt
hinter uns liegt
mit seinen dichten schwarzen Steineichenwäldern
hier und da wie immer im Mai übertupft
von wirren Ginsterfäden
und das sich hinzieht bis zum Blau
des Himmels in andauerndem
Anstieg

Villino tricamere

Mi basta molto poco ormai un cancelletto
verniciato di rosso il cereo
lussureggiare d'una buganvillea ricascante giù da un
bianco
intonaco falsamente rustico un asettico
praticello dinanzi
all'ingresso d'un villino tricamere arabizzante
col proprietario magari lì
mezzo pelato gli occhiali
da ipermetrope a metà naso
in canottiera pantaloncini corti mozzi
calzini bigi e sandali
di plastica
occupato a spendere quanto gli resta
di luce e di tempolibero
annaffiando…

Qualunque casa a questo
punto della mia vita mi piace qualsiasi
tana minimo-borghese è capace
di tentarmi di riempirmi
d'invidia e di gelosia

Dovunque ormai vorrei vivere
adesso tranne che a casa
mia

Dreizimmer-Reihenhaus

Nachgerade bin ich mit wenig zufrieden ein Törchen
rotlackiert das wächserne üppige
Wuchern einer Bougainvillea mit ihrem Blütensturz
über den pseudoländlichen Mauerputz ein keimfreies
Rasenstück am Eingang
eines Dreizimmer-Reihenhauses im arabischen Stil
da könnte der Besitzer stehen mit halber Glatze
die Brille des Weitsichtigen ist ihm auf die Nase gerutscht
im Unterhemd mit kurzen abgeschnittenen Höschen
grauen Söckchen und Sandalen
aus Plastik
damit beschäftigt den Rest von Licht
und Freizeit zum Gießen
zu verwenden…

In diesem Augenblick meines Lebens
ist jedes Haus mir recht
jede kleinstbürgerliche Höhle versteht es
mich in Versuchung zu führen mich zu erfüllen
mit Neid und Eifersucht

Nachgerade möchte ich jetzt überall
leben außer
zu Hause

Per scherzo e per gioco

Anche il tuo amore cominciò
non negarlo per scherzo fu per scherzo
che deliravi al principio promettendo a ogni istante
di morire

Io queste poesie ho cominciato a farle
per puro gioco solo per me
ho messo insieme fin dall'inizio sillabe sempre ho giocato
oramai distante
col mio sangue e col mio seme

Aus Scherz und Spiel

Auch deine Liebe begann leugne es nicht
aus Scherz und im Scherz fingst du an
zu schwärmen versprachst du in jedem Augenblick
zu sterben

Aus reiner Lust am Spiel und nur für mich
habe ich diese Gedichte begonnen
von Anfang an habe ich Silben zusammengesetzt
immer habe ich jetzt aus der Ferne mit meinem Blut
mit meinem Samen gespielt

Salto di fondi

Perfino oggi tutto mi parla e tu perfino
ospite amico che marci zitto
nudi i piedi e gli stinchi chiuso nella canuta
tua magrezza nevrotica
un po' discosto da me lungo la clamorosa
immensità del mare
perfino oggi tutto mi parla non fosse che per dirmi
che non ci sto che non appartengo che la vita
è altrove che è un'altra
cosa

Salto di Fondi

Sogar heute spricht alles zu mir so auch du
Gastfreund der du schweigend läufst
mit nackten Füßen und Schienbeinen eingeschlossen
in deine weißhaarige neurotische Magerkeit
ein wenig abseits von mir an der lauten
Unendlichkeit des Meeres
heute spricht gar alles zu mir und sei es auch nur mir zu sagen
daß ich nicht da bin daß ich nicht dazugehöre daß das Leben
woanders daß es eine andere
Sache ist

Forte antenne

Essere il ramo della foresta
la fogliolina di quel
ramo
tornare ancora come eri
allora a tre quattro anni
quando non conoscevi
nessuna femmina tranne la
mamma
nessun'altra città fuor che
la tua

Forte Antenne

Wieder ein Zweig sein im Wald
ein Blättchen an jenem
Zweig
wieder einer sein wie du damals warst
mit drei oder vier Jahren
als du kein weibliches Wesen kanntest
außer der Mutter
keine andere Stadt außer
der deinen

Les adieux

Piange ride grida sei molto
molto più giovane di me sei un'autentica
forza della natura
ma s'inganna non sa
in che misura
ad ogni istante io senta la mia
vita a grado a
grado lasciarmi
simile in tutto a lei
ogni qualvolta girata indietro ridendo
fra le lacrime se ne va
via

Les Adieux

Sie weint und lacht und schreit du bist viel
viel jünger als ich du bist eine regelrechte
Naturkraft
aber sie täuscht sich sie weiß nicht
wie sehr
und wie ständig ich mein Leben
aus mir weggehen fühle von Stufe zu Stufe
in allem ihr gleich
wenn sie immer wieder lachend nach hinten gewendet
unter Tränen fort
geht

Sul Pollino

Imbruna sugli alti pascoli la grande
vacca lattifera richiama a sé il vitellino
stolida mugghia alzando il muso attenzione
la carezza di quell'uomo là è menzognera
è ipocrita e poi tu sei
mio per l'eternità
mio per
sempre

Per sempre! Non più che per cinque o sei
mesi ancora finché il nato avrà voglia
della sua tetta fin quando lui
non preferirà mordere per conto proprio la foglia
dura del leccio l'irto
cardo selvatico oppure
non le sarà rapito come già fu di molti altri
prima

Senonché l'amore – non è vero amore? – l'amore
non sa cosa farsene della ragione
che calcola che misura che crede
l'istante più corto del secolo o perfino l'opposto
esatto
L'amore quando succede è sempre
un altro
fatto

Auf dem Pollino

Es wird Abend auf den Almen die große
Milchkuh ruft ihr Kälbchen zu sich
einfältig brüllt sie hebt die Schnauze gib acht
die Liebkosung dieses Mannes da ist Heuchelei
Verlogenheit und außerdem du gehörst mir
in alle Ewigkeit
mir
für immer

Für immer! Höchstens noch für fünf oder sechs
Monate solange das Junge Lust auf
ihr Euter hat solange es nicht vorzieht
auf eigene Rechnung das trockene Blatt
der Steineiche die struppige wilde Distel
zu brechen oder bis es ihr nicht weggenommen wird
wie viele andere
zuvor

Wäre da nicht die Liebe – ist es nicht wahre Liebe? – die
Liebe
weiß nicht was tun mit der Vernunft
die rechnet die mißt die glaubt
daß der Augenblick kürzer sei als das Jahrhundert oder gar
das genaue Gegenteil
Die Liebe wenn sie sich einstellt ist immer
ein anderes
Geschehen

Di ritorno da Bucarest

Torno dopo dieci giorni appena e lei lieta
per la prima volta lei niente
affatto smarrita dall'altra
estremità del
filo

a raccontarmi subito dell'infinita
quantità di cose che ha fatto
durante il mio starmene
così lontano e zitto così
separato

Non era dunque questo che volevi? – mi dico intanto –
Quando tra
breve tu riapparissi in un suo
sogno – se pure ciò
succederà mai – a toccarle timido una
mano

cos'altro potresti augurarti che lei pronunziasse sorridente
a fior di labbro – come un attimo
fa – se non questo suo calmo un po'
distratto ah
sei tu?

Zurück aus Bukarest

Nach kaum zehn Tagen komme ich zurück und sie heiter
zum ersten Mal sie zum ersten Mal
überhaupt nicht verlegen erzählt mir
vom andern Ende der
Leitung

gleich von der unendlichen Vielzahl
der Dinge die sie getan hat
während ich so lange so weit weg
und schweigend und von ihr getrennt
war

War es etwa nicht das was du wolltest? – sage ich mir indes –
Solltest du bald in einem ihrer Träume wiedererscheinen
– wenn dies jemals geschehen wird – um zaghaft ihre Hand zu
berühren

was anderes konntest du dir wünschen als daß sie lächelnd
und fast unhörbar – wie eben gerade –
diese ihre ruhige und ein wenig zerstreute
Frage hinhauchte ach
bist du es?

Ars dictandi

Grazie per essermi venuto incontro recando fra le dita
il bianco e bello pur se un po' osceno fiore dell'ellèboro il
fiore
– m'hai ricordato – dei poeti
quello che fa
impazzire

Ma mi gioverà? Se c'è al mondo una cosa
capace di rendermi davvero
savio
questa è proprio l'attività diciamo poetica per cui io temo
carissimo
io temo fortemente

che il tuo dono non mi riesca alla fin fine contro
producente

Ars Dictandi

Danke Dir daß du mir entgegenkamst und in der Hand
die weiße und schöne wenn auch ein wenig obszöne
Schneerose hieltst
die Blume der Dichter – so mahntest du mich –
die einen zum Wahnsinn
treibt

Wird sie mir helfen? Wenn es auf der Welt etwas gibt
das fähig wäre mich zur Weisheit zu
führen
so ist es eben das sagen wir poetische Wirken daher mein
Lieber
fürchte ich ja fürchte ich sehr

daß dein Geschenk bei mir schließlich und endlich
das Gegenteil bewirkt

Valzer

Uscendo sul Lungotevere sotto la pioggia battente
che impegna al massimo il tergicristallo
scorgo in un lampo prima di immettermi
anch'io nel flusso della
corrente
una grande candida pagina aperta – forse la doppia
pagina centrale del giornale
d'oggi –
ballare gioiosa e disperata presa a mezz'aria nel vortice
di una ruota gommata
una specie di estremo valzer avanti di cedere
d'arrendersi a diventare informe e bigia
poltiglia
a ridursi a
niente

Eccolo dunque qua l'inverno un rapido
inverno ancora
così diverso dalla nera inclemente
stagione lunghissima
capace ai tempi dei tempi di trasformare
il bambino in un ragazzo il ragazzo in un
uomo
la stagione interminabile piena di fiamme
e lacrime che a ricordarla
a ripensarci più tardi oramai dentro
la primavera
ti sussurrava ebbene no non temere se tanto hai
amato ebbene di nuovo e di più tra breve
amerai

Walzer

Bei der Ausfahrt auf den Lungotevere unter einem Trommel-
regen
der die Scheibenwischer aufs Äußerste in Anspruch nimmt
sehe ich einen Augenblick nur bevor auch ich
eintauche in den Strom
des Verkehrs
ein großes weißes offenes Blatt – vielleicht
die doppelte Innenseite der heutigen
Tageszeitung –
heiter und verzweifelt hineingerissen in den Luftwirbel
eines bereiften Rades
eine Art letzten Walzer tanzen bevor es nachgibt
sich in das Schicksal fügt ein formloser grauer
Brei zu werden
sich aufzulösen in
nichts

Da ist er also der Winter ein kurzer Winter noch einmal
so verschieden von der schwarzen unbarmherzigen
sehr langen Jahreszeit
die es seit eh und je vermag das Kind
in den Knaben den Knaben in den Mann zu
verwandeln
die endlose Jahreszeit erfüllt von Flammen
und Tränen die wenn du dich ihrer erinnerst
später und nun mitten im Frühling
wieder an sie denkst
dir zuflüstert nun also nein fürchte dich nicht wenn du so
sehr geliebt hast sehr bald wirst du wieder und noch mehr
lieben

Marg

Non saprei dire se di giorno o di notte se calpestando
io l'opposto marciapiede oppure se rapido
una volta di più passando
via con la macchina
ricordo però assai bene d'aver letto qualche mese
fa giusto al principio
dell'inverno
scritto a caratteri maiuscoli e cubitali sopra un intonaco
dilavato di periferia con un pennello
intinto in una scura vernice color sangue
rappreso
– e facevano le lettere una specie d'arco in lieve un poco
esitante
salita quasi ad esprimere
anch'esse nel loro incerto flettersi la tenerezza
commemorante d'ogni supremo
addio –
ciao dolcissima Marg proprio così
CIAO DOLCISSIMA MARG. e
nient'altro

Marg

Ich könnte nicht sagen ob es bei Tag war oder nachts
ob ich auf dem gegenüberliegenden Trottoir schritt oder
einmal mehr schnell mit dem Auto vorbeifuhr
wohl aber erinnere ich sehr gut vor einigen Monaten
als eben der Winter
begann
eine Schrift gelesen zu haben in riesengroßen Majuskeln
auf einer verwaschenen Mauer am Stadtrand und
gemalt mit einem Pinsel der in einen dunklen
Lack wie aus geronnenem Blut getaucht war
– und es formten die Buchstaben eine Art Bogen der leicht
und ein wenig zögernd aufstieg so als wollten auch sie
in ihrer unsicheren Verbeugung die Zärtlichkeit
ausdrücken
die an jeden höchsten Abschied
erinnert –
ciao meine sehr süße Marg ja wirklich so
CIAO MEINE SEHR SÜSSE MARG. und
weiter nichts

Dove sei Marg – non faccio da allora che chiedermi – dove
vivi in quale
anonimo quartierino del Salario del Tiburtino o del
Trionfale
dormi vegli parli mangi ridi sospiri gridi
piangi eccetera
trascini da una stanzuccia all'altra fino all'asfittico
balconcino la già molle
tua anca di imminente
Margherita
fai ondeggiare fra le magre scapole lunga
fino alla vita fino all'esile
giro dei blue
jeans
la fulva enorme
treccia
e dove mai sarà lui soprattutto – ignoto
completamente al comune lager metropolitano e forse
persino
a te stessa –
lui l'ugualmente dolcissimo tuo
poeta?

Wo bist du Marg – das nur frage ich mich seither – wo lebst du
in welchem anonymen Stadtviertel der Salaria der Tiburtina
oder der Trionfale
wo schläfst wachst sprichst ißt lachst seufzt schreist
weinst du etc
schleifst von einer Kammer zur andern bis zum luftlosen
kleinen Balkon deine schon weiche Hüfte einer werdenden
Margherita
wo läßt du zwischen deinen mageren Schultern
bis zur Taille bis zur zarten Rundung der Blue
Jeans
deinen rotblonden riesigen Zopf
wogen
und wo vor allem ist er – der dem gemeinsamen Hauptstadt-
zirkel und vielleicht gar dir selbst ganz unbekannt ist –
wo wird er sein dein gleichfalls sehr süßer
Dichter?

Parafrasando Engels

Tutto ciò che esiste è degno
di perire recito anche io fra me e
me parafrasando
Engels

Ed ecco nel rosso deserto crepuscolo appena dopo
Bologna ecco quasi subito
volando io continuamente in discesa lungo il dritto
asfalto laggiù
verso il buio il silenzio la
solitudine

eccola là già in vista la grande la tiepida
dimora
eccola ancora là la mia
gioventù

Engels paraphrasierend

Alles was ist *verdient* es
unterzugehen so sage ich es mir
selbst auf und paraphrasiere
Engels

Und da in der roten öden Dämmerung kurz nach
Bologna da fast unversehens
während ich ununterbrochen den geraden Asphalt
hinunterfliege
hinein in das Dunkel das Schweigen
die Einsamkeit

da da taucht sie schon auf die große die warme
Behausung
da da ist sie noch immer meine
Jugend

AUS DEM BAND »IN GRAN SEGRETO«
(1976–1978)

Sangue e buio

Dio c'è asserisce
nel lampo dei
fari
il sangue là sul pilone di
cemento il mio
sangue

Dio non *c'è asserisce*
promette
garantisce
il solito grande buio di subito
dopo il buio di
sempre

Blut und Dunkelheit

Gott ist da versichert
im Aufblinken der
Scheinwerfer
das Blut dort am Zement-
pfeiler mein
Blut

Gott ist *nicht* da versichert
verspricht
garantiert
das übliche große Dunkel
das gleich nachher kommt
das Dunkel das immer ist

Da Villon

Esattamente come
Cristo Gesù
sei nata il giorno di
Natale

quel tai giorno – dovevi
pur saperlo anche tu! –
in cui ogni scherzo
vale

Nach Villon

Ganz genau wie
Jesus Christus
bist du am Weihnachtstag
geboren

an eben jenem Tag – auch du
mußtest es wohl wissen –
an dem kein Scherz geht
verloren

Al critico d'un rotocalco

Grazie diamine grazie d'aver citato recensendo Epitaffio
Catullo
grazie tante

Ma
e
Dante?

Für den Kritiker eines Boulevardblattes

Danke Donnerwetter noch mal danke daß du in der
Besprechung des *Epitaffio*
Catull zitiert hast danke

Aber
wo bleibt
Dante?

Campagna romana

Uguale identico mi riconosco d'un tratto al cagnaccio
biondastro
vecchio sì e non poco qua e là
spelacchiato ma ancora
abbastanza minaccioso a
vedersi
che chissà dove diretto e chissà da dove
proveniente
a testa bassa con le fauci grandi
mezze aperte a tirare il fiato e con neri occhi amari
furibondi e rassegnati batte
la scura campagna limitrofa alla più distante
periferia
e che allorquando appena dopo un bruno
piccolo ponte in muratura sterzo io rapido via
brucia per un lungo istante al fuoco
dei miei fari

Römische Campagna

Gleich fast identisch erkenne ich mich plötzlich
im schmutzig-blonden Köter wieder der alt gewiß
die Haare da und dort schon ziemlich ausgerauft
aber immer noch mit drohendem Ausdruck
wer weiß wohin geht wer weiß woher
kommt
und mit gesenktem Kopf und mit großem halbgeöffnetem
Schlund den Atem einzieht und mit schwarzen bitteren
wütenden traurigen Augen die dunkle Campagna
durchschweift dort wo sie an die entfernteste Vorstadt
stößt
und der kaum daß ich nach einer kleinen gemauerten
braunen Brücke den Wagen schnell wende
für einen langen Augenblick im Licht meiner Scheinwerfer
leuchtet

Dove vivi?

Dove vivi? – mi chiede corrugando la
fronte e stringendo le palpebre – Dov'è
che diavolo stai?

A Roma? A Ferrara? Laggiù a
Maratea? Oppure nuovamente
altrove?

Nessuno pensando a te saprebbe darti oggi il più
piccolo posto un po' tuo – conclude – proprio tu che fino
all'altro ieri soltanto
non ne hai abitato in fondo che
uno

Wo lebst du?

Wo lebst du? – fragt sie mich stirnrunzelnd
und die Lider zusammenkneifend – Wo
zum Teufel steckst du?

In Rom? In Ferrara? Da unten in
Maratea? Oder wieder einmal ganz
woanders?

Keiner der an dich denkt könnte dir heute auch nur
den kleinsten Raum zuweisen, der dir entspräche – faßt sie
zusammen –
und das geschieht ausgerechnet dir der du bis vorgestern
im Grund nur einen nicht bewohnt hast

In collera col più grande amico

Prosa robusta disse ai suoi dì di te
fra i denti il
Croce

Aveva anche quella volta là più che
ragione ragione da
vendere

Era il cervello ed è
– così come il cuore –
di' pure un po' andante e qualsiasi
insomma debole

Zornig auf den besten Freund

Kraftvolle Prosa sagte in seiner Zeit über dich
und zwischen den Zähnen der
Croce

Auch darin hatte er recht
recht im Überfluß
gar

Das Gehirn war und ist
– so wie auch das Herz –
sagen wir mal ein bißchen gewöhnlich und beliebig
kurz und gut schwach

Lo so perché

Da ragazzo e da giovane prediligevo
il mare tanto il suo blu
pacifico
quanto le bianco
azzurre sue tempeste

Ora – e lo so perché – sono le montagne
ad attirarmi e quelle soltanto che di
là dalle foreste salgono
più su nude
tacite

Ich weiß warum

Als Kind und als Jüngling zog ich
das Meer vor mit seinem friedvollen
Blau
mit seinen himmelblau-weißen
Stürmen

Jetzt – und ich weiß warum – sind es die Berge
die mich anziehen aber nur jene die
oberhalb der Baumgrenze aufsteigen
nackt und
still

Modena Nord

Lasciala finalmente dimenticala l'atroce fiumara di sangue e
di metallo esci
a sinistra nella intimidita verde quiete
improvvisa

passa oltre qualcuno laggiù a Ferrara forse t'aspetta però non
scordartene mai
più fin quando avrai vita fino a che
respirerai

dell'esile stradone a perpendicolo fiancheggiato da pioppi
altissimi appena appena
serpeggiante che hai scorto a un tratto a lato della vecchia
provinciale delle lucciole

e in fondo al quale al termine del suo deserto della sua
bigia tiepida
polvere era già
sera

Modena Nord

Verlaß ihn endlich vergiß ihn den grausamen Strom
aus Blut und Metall fahr links aus in die schüchterne
grüne und unvorhergesehene Ruhe

fahr weiter irgend jemand dort unten in Ferrara erwartet dich
vielleicht
aber vergiß niemals solange du lebst solange du
atmest

die holprige steile Straße mit ihren sehr hohen Pappeln
und ihren ganz wenigen Windungen die du plötzlich
erblicktest
neben der alten Landstraße der Glühwürmchen

und an deren Ende hinter ihrer grauen lauwarmen Staub-
wüste
es schon Abend
war

Da Orazio

Spaghetti – enumera e ride – alla carbonara
paillard con verdura cotta
ananas
vino rosso
sei felice?

L'anima avara ma giusta è però lì subito
a sussurrarmi a parte per così
poco?

Talché riandando io a un'ora fa non posso
che dire muto di sì che darle
– a lei l'anima mia – come quasi sempre
del tutto ragione

Nach Horaz

Spaghetti carbonara – zählt sie auf und lacht –
Paillard mit gekochtem Gemüse
Ananas
Rotwein
bist du glücklich?

Die geizige doch gerechte Seele ist aber gleich zur Stelle
und flüstert mir insgeheim zu: mit so
wenig?

So daß ich wenn ich eine Stunde zurückdenke
nur stumm bejahen und ihr
– ihr meiner Seele – wie fast immer
vollkommen recht geben muß

In un orecchio

Ero molto lontano non sai
quanto

Ti ho stretto forte la mano per restarti
accanto
per non tornarci mai più
là

Ins Ohr geflüstert

Ich war sehr weit fort du kennst nicht die
Weite

Ich drückte dir fest die Hand und bleib dir zur
Seite
um nie mehr zurückzugehen
dorthin

Per cartolina

Ah lungo il filo il tuo ciao
il tuo piccolo fioco miao
d'ogni mattina che è una…

E tuttavia come è buono il silenzio di Vienna
di Vienna absburgica e socialista!
Non sai come fu tenero o mia tenera dormirci
dentro scordarcisi
scordare

Auf einer Postkarte

Ach am Telefon dein Ciao
dein kleines und schwaches Miau
an jedem Morgen ein gleiches...

Und doch wie wohltuend ist dieses Schweigen von Wien
habsburgisch und sozialistisch diese Stadt!
du weißt nicht o meine zarte Freundin wie zart es war
in ihr zur Ruhe zu gehen in ihr sich zu vergessen
zu vergessen

Campus

Richiamandosi imperterriti alla qui ormai
universalmente riconosciuta
opportunità dei confronti infra ed extra senza più la minima
remora insomma a ruota
libera
– né sto a descriverti le musare Mario mio che quelle puoi
di sicuro
immaginartele –

si considera più affine al Manzoni – interrogano dolcemente –
oppure al ferrarese
Antonioni?
Opta per la linea Bernini-Borromini-Fellini diciamo o per
quella Giovanni
Verga-Rossellini?
E Verdi? Non sembra a lei che Giuseppe
Verdi ricordi come fenomeno un po'
il nostro Gershwin?
E quel particolare cattolicesimo post-tridentino che solum è
lombardo
opera secondo lei più in Vincenzo
Monti o di più in Luchino
Visconti?

Campus

Unerschrocken berufen sie sich auf die hier nun allgemein
passende ja schickliche Notwendigkeit der Infra- und
Extravergleiche
ohne alle Hemmungen also in freiem Lauf
– ich will mein lieber Mario dir auch nicht die Musentanten
beschreiben du kannst sie dir sicher vorstellen –

fragen sie mit süßer Stimme fühlen Sie sich mehr Manzoni
oder dem Ferrareser Antonioni verwandt?
Liegen Sie sagen wir mal mehr auf der Linie Bernini-Borromini-
Fellini oder auf der von Giovanni Verga-Rosselini?
Und Verdi? Meinen Sie nicht daß Giuseppe Verdi
als Phänomen ein wenig an unsern
Gershwin erinnert?
Und jener besondere posttridentinische Katholizismus
der nur lombardisch ist
wirkt er was denken Sie stärker in Vincenzo
Monti oder bei Luchino Visconti
weiter?

E va bene Lotto
e Bellotto
e persino Giotto
ma
e
Zanzotto?
E lei medesimo infine in che rapporto si sente
col Boccaccio?
Questo è all'incirca ciò che mi chiedono non pochi
importanti
cervelli in giro come se niente
fosse
talché più morto che vivo delle due l'una o di
botto li abbraccio ovvero spezzato
giusto a metà da una gran
tosse
fronte ai ginocchi ho cura di coprirmi ben bene
con entrambe le mani il
viso

Ecco quanto carissimo però per dirla
col vecchio Griso è
dura

Einverstanden mit Lotto
und Bellotto
auch noch mit Giotto
aber was ist mit
Zanzotto? Und Sie selbst schließlich in welcher Beziehung
stehen Sie zu Boccaccio?
Das ist so etwa was nicht wenige erlauchte Geister
mich hier fragen als wäre nichts dabei
so daß mehr tot als lebendig mir nur zwei Möglichkeiten
bleiben
entweder ich umarme sie plötzlich oder ich werde von einem
starken Hustenanfall genau in der Körpermitte zerrissen
und trage Sorge mir mit beiden Händen gegenüber den Knien
das Gesicht gut
zu bedecken

Das ist mein Lieber um es mit dem alten Griso
zu sagen wirklich
arg

A un giovane giornalista indiscreto

Tu mi hai inquadrato vedo sebbene con qualche
residuo margine d'incertezza cosicché non fai male
come per vero abbastanza
ostensibilmente fai
a puntare forte e deciso sull'obbligatoria
mia pazienza sulla mia più che doverosa e quindi più che
obsoleta onni
comprensività

Communque sia se per sentirti esistere se per esserci se per
essere sul serio te
hai bisogno di sapere proprio da
me
in che modo io ce la faccia a »sbarcare
il lunario« a
»guadagnare«

va' prima di là spéttolati
smóccolati
piscia
sgrava diligentemente il
pancione
fa' il bidè làvati
la bigia zazzera bisunta
i dentacci marrone d'un marron
cioccolata
néttati
le dure ungule hippy inalberante ognuna la sua mezza
luna color carbone o color
cacca

Für einen jungen indiskreten Journalisten

Ich sehe du hast mich hübsch eingerahmt wenn auch
mit einem kleinen Restrand Unsicherheit und tust nicht
schlecht daran
wie du es hingegen recht eindeutig
tust
wenn du so tatkräftig und entschlossen auf meine verbindliche
Geduld auf mein mehr als gebührendes und also mehr als
veraltetes grenzenloses Verständnis setzt

Wie dem auch sei wenn um dich lebendig zu fühlen um dabei
zu sein um ernsthaft du selbst zu sein du unbedingt
von mir erfahren mußt
auf welche Weise ich es schaffe ›über die Runden zu kommen‹
und ›mein Brot zu verdienen‹

dann geh erst mal raus furze
und rotze dich aus
pisse
erleichtere sorgfältig den
Wanst
nutze das Bidet und wasche dir
die graue fettige Mähne
und die schokoladenbraunen
scheußlichen Zähne
putze dir
die harten Hippyklauen mit ihren gehißten
kohle- und kotfarbenen
Monden

dopodiché se ancora
ci tieni allora su
dài
vieni
torna di qua e domanda
domanda pure

dann wenn du dann noch
Wert darauf legst
dann also
komm
komm wieder her und stelle Deine Fragen
frage nur

Amori impossibili

A cosa sei mai ridotto a che
punto arrivato!

Sette otto pomeriggi fa a Orbetello un solo attimo avanti
d'uscire dal W. C. di un baretto
qualsiasi
te la sei trovata a un tratto lì di fronte sul muro una spanna a
destra dello specchio
tenere labbra semichiuse e tremanti un tantino in su dolce
fragile bocca di profilo appena appena
offerta

precario ma come sempre immortale
zimbello
frutto una volta più del puro caso complice ignaro un magro
intonaco azzurrino prossimo a diventare
grigio e subito dopo grigia
briciola

e da quell'attimo non fai che pensare a lei che hai
mancata
smarrita
al po' che ti resta di
vita e senza di
lei

Unmögliche Liebschaften

Wie weit bist du heruntergekommen
wo hat es dich hinverschlagen?

Sieben oder acht Tage sind vergangen seit du in Orbetello
einen Augenblick nur bevor du aus dem WC irgendeiner Bar
tratst
sie dir plötzlich gegenüberfandest an der Wand eine Hand-
breit
rechts vom Spiegel
halbgeöffnete zärtliche Lippen die ein wenig nach oben
zittern
süßer zerbrechlicher Mund im Profil und ganz wenig nur
dargeboten

Ein Lockvogel auf Widerruf
aber wie immer unsterblich
Frucht einmal mehr des reinen Zufalls unwissender Mit-
täter
er ein dünner bläulicher Putz dem es bestimmt ist bald grau
und gleich danach zu grauem Staub zu werden

und von diesem Augenblick an denkst du nur noch an sie
die du verpaßt hast
die dir abhanden gekommen ist
denkst an das bißchen Leben
das dir bleibt und ohne
sie

Raccordo anulare

Sta là
nell'erba vasta e deserta di fianco alla superstrada
la
poltroncina

Viola dentro l'immenso
azzurro con la lustra
seta vieux-jeu – specie dello schienale – un po' strappata
lisa

sola
spaesata
in
bilico
proprio come la
mamma

Raccordo Anulare

Da steht es
im weiten versteppten Gras neben der Superstraße
das
Sesselchen

Lila mitten im gewaltigen Blau
mit der glänzenden
Vieux-jeu-Seide – ein wenig zerrissen
vor allem an der Rückenlehne –
abgenutzt

allein
fremd
auf
der Kippe
ganz genau wie die
Mamma

A mia figlia per il suo compleanno

Proprio stamani pensa uno settembre lungo uno stradello del
centro di cui
non mi ricordo mai il nome
ho visto sopra un intonaco questo TI AMO
PAOLA
che ti compiego fotografato a
colori

Bello no? Guarda quel bianco delle maiuscole come viene
fuori…

Però malandrina non me lo avevi mica detto
che avevi uno che ti fila un
ragazzetto
dalle parti di Largo
Argentina!

Meiner Tochter zu ihrem Geburtstag

Gerade heute morgen stell dir vor am 1. September
in einem Gäßchen des Zentrums dessen Namen ich nie
erinnere
sah ich auf einer verputzten Wand dieses ICH LIEBE DICH
PAOLA
das ich dir als Farbaufnahme
beilege

Schön nicht wahr? Schau nur wie das Weiß der Majuskeln gut
herauskommt...

Aber du Spitzbübin hattest mir gar nicht gesagt
daß du einen hättest der dir nachstellt
einen Burschen
aus der Umgebung des Largo
Argentina!

In sogno

È venuta qui mi ha detto sussurrando prima
che di nuovo sparisse scusa
abbi
pazienza
non prendertela se ti capito a casa a un'ora
simile sul finire
del mondo e dunque di…

Im Traum

Sie kam hierher und sagte mir flüsternd
bevor sie wieder verschwand verzeih
hab
Geduld
ärgere dich nicht wenn ich dir zu so später Stunde
ins Haus falle am Ende der Welt und also
am Ende der…

INHALT

AUS DEM BAND »IN GRAN SEGRETO«
(1976–1978)

Giorgio Bassani

Die Brille mit dem Goldrand
Erzählung. Aus dem Italienischen von Herbert Schlüter.
106 Seiten. Serie Piper 417

Ferrareser Geschichten
Aus dem Italienischen von Herbert Schlüter.
250 Seiten. Serie Piper 430

Die Gärten der Finzi-Contini
Roman. Aus dem Italienischen von Herbert Schlüter.
358 Seiten. Serie Piper 314

Der Geruch von Heu
Aus dem Italienischen von Herbert Schlüter.
174 Seiten. Serie Piper 693

Hinter der Tür
Roman. Aus dem Italienischen von Herbert Schlüter.
174 Seiten. Serie Piper 386

Der Reiher
Roman. Aus dem Italienischen von Herbert Schlüter.
240 Seiten. Serie Piper 630

Erinnerungen des Herzens
Mit Texten von Giulio Cattaneo, Paolo Ravenna und Eberhard Schmidt.
Herausgegeben von Eberhard Schmidt.
204 Seiten mit 13 Abbildungen. Serie Piper 938

Italienische Lyrik

Giacomo Leopardi
Canti · Gesänge
Italienisch / Deutsch. Aus dem Italienischen von Hanno Helbling.
Mit einem Nachwort von Horst Rüdiger. 314 Seiten. Serie Piper 1022

Eugenio Montale
Glorie des Mittags
Ausgewählte Gedichte. Italienisch / Deutsch. Übertragen und mit einem Nachwort von Herbert Frenzel. 176 Seiten. Geb.

Eugenio Montale
Satura – Diario
Gedichte aus den späten Zyklen. Italienisch / Deutsch.
Aus dem Italienischen von Michael Marschall von Bieberstein.
191 Seiten. Serie Piper 947

Pier Paolo Pasolini
Gramsci's Asche
Gedichte. Italienisch / Deutsch. Mit einem Nachwort von
Michael Marschall von Bieberstein. Aus dem Italienischen von Toni Kienlechner.
192 Seiten. Serie Piper 313

Pier Paolo Pasolini
Die Nachtigall der katholischen Kirche
Gedichte. Italienisch / Deutsch. Aus dem Italienischen von
Toni und Bettina Kienlechner. 218 Seiten. Serie Piper 560

Salvatore Quasimodo
Ein offener Bogen
Gedichte. Italienisch / Deutsch. Übertragung und Nachwort von Gianni Selvani.
139 Seiten. Serie Piper 1111

Giuseppe Ungaretti
Ich suche ein unschuldiges Land
Gedichte. Italienisch / Deutsch. Übertragung und Nachwort von
Michael Marschall von Bieberstein. 316 Seiten. Leinen

Ciao, Bellezza

Deutsche Dichter über Italien. Ein Lesebuch
Herausgegeben von Petra und Manfred Hardt.
417 Seiten. Serie Piper 999

Italien und die Italiener in der Sicht deutscher Dichter, angefangen mit Goethes faszinierender Schilderung des römischen Karnevals über die sehnsuchtsvollen Träume der Romantiker bis hin zu den bissigen Einlassungen zeitgenössischer Lyrik, die die traditionelle Italiensehnsucht konterkarieren... Mit Texten von über vierzig Autoren, darunter viele neuere wie Ingeborg Bachmann, Rolf Dieter Brinkmann, Günter Kunert, Ulla Hahn, Peter Rühmkorf, Friedrich Christian Delius und Rose Ausländer, vermittelt der Band mosaikartig ein Bild dessen, was deutsche Dichter und Schriftsteller aus zwei Jahrhunderten in Italien erlebt und erfunden haben.

Unter apenninischem Himmel

Italienisches Lesebuch
Herausgegeben von Patricia Reimann. 399 Seiten. Serie Piper 600

Diese Sammlung italienischer Prosa und Lyrik lädt den Leser ein zu einem literarischen Spaziergang durch die vielschichtige Wirklichkeit italienischen Lebens, wie sie sich in der Literatur des Landes während der letzten hundert Jahre spiegelt. Der Leser wird sich in erster Linie an der großen und originellen erzählerischen Kraft, mit der die Fülle der Motive gestaltet ist, erfreuen können, er wird darüber hinaus aber auch die Möglichkeit haben, die Entwicklung der italienischen Literatur vom Verismus des 19. Jahrhunderts bis zu den verschiedenen Strömungen der Gegenwartsliteratur zu verfolgen.